새벽 죽음 연습

시야문집 002
새벽 죽음 연습

이한

seeya.

시인의 말

활활 피어나는 밤.
바탕에 몸을 끌고 간다.
삶이란 것은 허무하게도
몇 장짜리 책이 되었는데
문장이 자주 끊겼다.
마침표 하나가 타고 있다.
다시 질문.
끝은 어디인가.

2025년 5월
이한

목차

시인의 말

1부 저절로 멀어져 슬퍼지는 사람

히어로가 너무 많아	11
섬	13
당신은 꿈이라서 아침만 되면 달아나는가	15
행방불명	17
묘	18
불면증 대신 당신을 앓는다	19
알츠하이머의 사랑 1	20
꿈의 신호	21
사레	23
프린트에프 안부	25
손님	28
우천시빙산뒤집힘주의	30
노을과 붉은 눈의 추태	32
스물아홉, 남성, 첫 담배	34
한영키 고장	36
컵	38

나트륨 40

탄생 41

2부 얼마간은 볼 수 없을 겁니다

층간소음 45

밤 46

동산에서 48

영정 50

손금 51

알츠하이머의 사랑 2 53

스콘 54

멸종위기종 55

분실 57

답신 59

4 61

유서 62

하나는 알고 둘은 모른다 64

새벽 죽음 연습 66

희망의 싹을 잘라요 68

충동 69

산소 70

확인사살 72

3부 덜 추운 것이 더 추운 것을 지키며

22세기의 키스 75

환생 77

물결 랑 흩어질 만 78

알츠하이머의 사랑 3 79

개기일식 81

저 재밌는데 삶도 재밌는 거고 84

2084년 어느 날 86

희망사항 88

수족냉증 90

접속 91

눈물은 어른이 되어 92

냉전의 키스 94

장례 96

정류장 97

발자국 99

인생 사용설명서 100

부록

도움을 준 음악들 102

도움을 준 사람들 104

1부
저절로 멀어져 슬퍼지는 사람

히어로가 너무 많아

집에 가는 횟수가 줄어들고
엄마의 입술 색이 붉어지고
심장 박동이 풀리고
좋았던 것은 나빠지고
나빴던 것은 좋아지고

세상은 시시하기 짝이 없어
거짓을 사랑하는 사람들
물 없이도 자라나는 위선

지구를 지키자는 글씨는
몇천 장의 종이 위에 쓰이고

평화를 위해 어떤 신은
어떤 이를 지옥에 보낸다

행복이 가장 중요하다던
그의 신발은 발렌시아가

여긴 히어로가 너무 많아
가끔은 생각해
악당이 쓰러지는 장면을

악을 먹으면 악당이 된대요
악당은 미움을 받았더래요
아무도 그를 찾지 않고
서서히 죽어갔대요
그런데 악이 뭔데요?

섬

섬은 내가 좋대요
살려달라고 히치하이킹을 해요
새까만 고독이 몸을 덮으면
숨붙이도 나를 찾지 못해요

물밑에는 길이 있어요
예전에는 거기로 말도 다니고 사람도 다녔대요

살짝 걸어보려다가 중심을 잃으면
꼼짝없이 혼자입니다
물어볼 데도 없이 갇혔습니다

테킬라로 겨우 밟는 엑셀
섬은 그래도 내가 좋대요
오늘이 조용히 사라지면 좋겠어요

시는 사랑으로 쓰는 거라는데
나는 자격 박탈입니다

신호가 바뀌는 동안에도
이름 모를 시체만 떠올렸으니까요

이곳은 열 시만 되면 섬이 되어요
아무도 서로 의지하지 않고
그림자도 겹치지 않아요

밤이면 캄캄한 섬이 좋아요
섬도 섬이 되는 섬이 좋아요

당신은 꿈이라서 아침만 되면 달아나는가

  나비가 공중을 기었다. 꽃이 만개한 갈대. 두 바퀴로 가는 자동차. 파란 피부 외계인. 나는 발 두 개 달린 파리지옥. 입을 벌려 환상을 식도로 떨구면 지옥은 누군가의 현실이 된다.

  겨울과 봄 사이 새로운 계절이 있다는 걸 아니? 비밀을 구겨서 공놀이하자. 수줍은 아이들이 입에서 입으로 기체를 옮기고 우린 세계를 믿는 거야. 새끼손가락을 꼬아 탈출을 잠그자.

  흙장난을 치다 보면 손에 노을이 묻었다. 아무리 외면해도 살갗 위로 이별이 드리웠다. 붉은색이 닿지 않는 곳은 그림자뿐. 등 뒤에 앉아 사라지는 낮의 끝자락을 지켜주었다. 엎질러진 음영은 사방에 흘러서 밤이 된다. 경계를 무너뜨리는 것. 당신이 슬픔을 먹어주는 방식.

  시간은 거울에도 뒤집히지 않는 유일한 것. 별의 하얀 빛을 보고 있으면 눈동자는 당신을 잡고 축 늘어졌다. 첫

만남에 살결을 부딪친 연인처럼 간지러웠다. 당신은 손짓에도 쉽게 무너지는 사람이어서 눈 비빈 후에는 꼭 날아가려 했다. 연약한 당신이 절망의 무게를 가르치고 사라졌다.

   내 세계에도 빛이 들던 때가 있지. 당신이 몸에 빛을 칭칭 두르고 달려왔으니까. 내가 잠을 자면 너는 꿈을 꾸워. 각자인 영원은 기적만큼 쓸모없었네. 이불 속 뒤척임은 함께 추는 블루스였나. 눈물은 왜 마르지 않고 눈곱이 되는가. 인간은 왜 죽지 않고 자꾸 깨어나는가. 당신은 꿈이라서 아침만 되면 달아나는가.

행방불명

 알지도 못하는 연예인의 근황을 이십 분쯤 듣고 있으면, 한때는 알았던 당신의 소식이 궁금해집니다. 안 하는 사람이 없다는 SNS에서 당신 이름을 건져보지만 자주 허탕입니다. 새벽까지 발길이 끊이지 않는 이곳은 사랑이 넘쳐 죽고 못 사는 낯선 도시입니다. '당신을 (언제 봤다고) 좋아합니다' 같은 말이 떠돌고, 활자로 사람을 패는 범죄가 유행하는 곳입니다. 사람들은 '미안합니다'가 비문인 줄 압니다. 그럼에도 지구가 빼앗긴 마음 모두 거기 있으므로 당신에게 유용할 인사말 몇 개를 혀에 새깁니다. 끝없이 아래층이 이어지고, 요즘은 지하의 지하에도 사람이 산다는 사실에 먹먹해집니다. 저들은 돌아볼 장면 하나 없는 곳에서도 이리저리 쏘다니는데요. 앞으로만 가다 보면 혹시 길을 빼앗긴 게 나인가요.

묘

거기서 나는
기다렸던 사람에게
편지를 부쳤습니다

보낸 편지는 내게 없습니다
보낸 마음을 확인할 수 없듯이

유령도 사람이라면
지난 사랑 또한 두렵지 않습니다

국화빵 봉지의 온기가 필요하다는 문장을
소서가 지나서 주워 담습니다

한때란 말은 얼마나 더 야윌 수 있습니까
답장은 늦어집니다

불면증 대신 당신을 앓는다

지구가 46억 년이나 계속되어도 제 마음 헤아리는 일이 가장 어렵다

바다에 떠내려온 플라스틱 조각이나 공중을 떠도는 매연 따위를 생각한다

분해되지 못한 감정이 하물며 침대 밑에도 떨어져 있다

사랑한다는 말의 농도는 소멸 직전에 가장 짙다

아침 해 뜰 무렵 갈 곳 없는 녀석과 함께

당신 집에 가는 상상을 했다

그렇게라도 꿈을 꾸었다

알츠하이머의 사랑 1

사랑한다는 말을 배웠다
어머니란 사람이 앞에서 울고 있다
사랑은 아주 슬픈 것이 틀림없다

꿈의 신호

빨갛습니다
침대에 누워
오지 않는 파랑을 기다립니다

파래집니다
강을 건너면
저편에 당신이 있습니다

당신의 잔꽃무늬 원피스
들판을 두르고 있군요

조심하라고 했지요
덥석 잡아갈지도 모른다고요
부끄럽지만 나
그 말을 기다렸어요

휘청입니다
바람이 세차게도 붑니다

손을 놓지 말아요
살아주세요

인사로 좁힐 수 없는 거리를
때로는 꿈꾸듯 배회할 테죠
다음에 꼭 찾아갈게요

빨갛습니다
침대에 누워
오지 못한 당신을 기다립니다

사례

서른의 시간을 견디고 다시 만난 당신은
새침한 숙녀가 되어 있다

어른의 언어를 쓰고
어른의 고민을 하고
어른의 사랑을 한다

식도로 가야 할 것이
기도로 가는 일만큼

참을 수 없는 일이
여기 또 있다

삼키는 족족
기침이 되는
빗나간 추억

아메리카노 한 잔에도

아이스와 핫이 갈렸다

타협할 수 없는 온도가
은연중에 떠다니고

지저귄 말들 줄줄이
실수가 된다

프린트에프 안부

대학 시절 붙어 다니던 해수는
그렇게 살아가기로 했다

바다 건너 말을 눈 감고도 유창하게 쓰는
'쓴다'보다 '친다'가 맞겠지만
우리말 따위 아무래도 좋은

불경기에도 삼겹살은 꽁꽁 얼어붙고
술잔에 담긴 건 끊어진 연락들
우리가 아는 건 서로의 생존뿐
그마저 두 시간 후면 알 수 없는

수많은 고기가 익어가는 중에도
해수는 수차례 앞뒤를 확인하고
돼지고기는 조금 덜 익은 게 맛있다며
젓가락질을 서둘렀다

하루에도 수천 개의 영어를 쓰던 우리들

이러다 외국인이 되겠다며 깔깔댔는데

피터가 되어버린 네게
나는 해줄 말을 떨어뜨리고
어색한 백김치 마늘장아찌를 뒤지다
역시 고기엔 소주라며 잔을 부딪쳐

열 시가 되어도 꺼지지 않는 불빛 중 하나는 너의 것
급히 돌아가는 널 보며
덜 익은 여유가 탈 나지 않길 빌었다

멀어진 거리만큼 달리던 택시가
저어기 애틀랜타까지 달리더라도
나는 너와의 다음을 생각한다

이메일과 메시지가 점령한 세상에서
어느 것도 우리 사이를 왕복하지 않겠지만

내가 한솔이란 이름을 쓰고
네가 해수이길 바라며 그땐

손님

버스로 나흘
기차로 사흘
비행기로 이틀이 걸리는 곳에
내가 나고 자란 동네가 있습니다

가만히 두면
저절로 멀어져
슬퍼지는 사람이 있습니다

설 지나 찾아간 집에는
'다녀왔습니다' 보다
'오랜만입니다'가 익숙한 내가 있습니다

어색한 인사와 수줍은 악수를 나누고 나면
집주인의 나이와 성별을 알고
화장실 개수와 위치를 알고
주전부리 놓인 곳을 잘 아는

당신의 먼 손님이 되어 있습니다

우천시빙산뒤집힘주의

창밖이 울렁인다
비가 많이 온 것도 아닌데

번진다는 것은 전염되는 것
어쩌면 하품
어쩌면 감기
어쩌면 불안

흐린 날엔 무엇을 내놓아도 번졌으므로
당신은 벌이를 걱정했다
일자리를 구하는 게 어떻겠냐며

차는 침묵으로 달리고
틈틈이 저녁을 따다 놓는다

가로수가 오른쪽으로 흐를 때마다
당신에겐 왼쪽이고

무언가 끝없이 전진하는 동안
무언가 끝없이 후퇴하고 있다

나는 세상을 모르고
당신은 나를 모른다는 사실을 모른다

노을과 붉은 눈의 추태

노을이 집니다
당신이 준 편지는 서쪽입니다
다시 열어볼 일은 없습니다

노을이 집니다
남는 건 가족뿐이란 말은 서쪽입니다
그저께 주운 안개 같습니다

노을이 집니다
내 친구 동규도 서쪽입니다
결혼식엔 못 갈 듯합니다

노을이 집니다
문단은 아직 서쪽입니다
오늘은 나도 집니다

겨울만 되면 냉골이어서
북향인 줄 알았던 집은

사실 남향이었습니다

안다는 것은 두렵습니다
아무것도 모르면서
허영만 가득합니다

붉습니다
안다고 믿었던 것들이
볼을 태웁니다

스물아홉, 남성, 첫 담배

노포서 팔고 온 책 두 권에 끄적인 사인이
낯짝에다 저녁놀을 펼쳐놓을 때

담배 하나에 기대어
흡연이 데려간 목숨을 떠올립니다

운명한 당신이 처음인 내게
해줄 말이 있나요

숯덩이를 품고 사는 사람들이
처음은 힘이 없어
아무것도 지킬 수 없다고 합니다

버즘나무 사이로 먼저 간 개비들
시퍼런 냉소를 보이면
꿈을 피운다는 것은 곧 죽어가는 건가요

그런 말이라면 됐어요

돌아보면 별일도 아니라는데
내 꿈도 어디서 그렇게 타고 있겠습니다

한영키 고장

표현이 서툰 사내는
모국어를 잃었다
사랑은
tkfkd인지
sarang인지
love인지
고민하는 사이
사랑은 옅어져 가고
사람은 멀어져 가고
답답한 사내는 병동 안
접수카드에 증상을 쓴다
마음과 말이 맞지 않는 것은
질병으로 볼 수 있습니까
조금만 늦었으면 큰일 날 뻔했습니다
같은 답을 기대한 사내와
로비에 앉아 있던 것은
그가 사랑한 사람들
이름 부르자 하나둘

진료실로 사라지고
숨죽임에서도 살인의 향기가 짙어지면
그토록 이방인 같은 적이 없었다

컵

쓸만한 식기는 유령이 모두 채간 집에서
당신 취향이 가득한 컵을 받는다

제 것도 샀다며 신난 당신이
손잡이를 잡고 이리저리 돌린다

여기 올 때마다 쓰겠다는 말은
자주 오겠다는 말과 동치일까

처서가 지나며
아침저녁으로 온도가 튀었다

낮의 열기와 밤의 추위를 가늠할 수 없던 당신이
내게 사라지지 말라고 했다

좋은 것만 하고 싶다던 사람 앞에
장대비가 쏟아진다
대답을 놓친 방에는 고요만 쌓인다

당신의 해묵은 고민이 해결될 기미가 보이지 않고
컵에 든 구원이 서서히 마르고 있다

나트륨

 평범한 샐러리맨이 집을 사려면 삼십 년이 걸린다고 뉴스는 말했다 끼니를 라면으로 때우고 나면 한참 동안 국물이 피 대신 흘렀다 눈물 땀 나트륨 짠맛에 절여진 건더기는 오래 살아남겠지만 몸에 든 상처 역시 그럴 거라고 생각했다 비가 오면 무기력해지는 사람에게 '아들아 우린 아무리 올라도 오를 수 없다'는 말이 거세지고 역마에 떠난 바다가 부리나케 귀를 채우면 멀리서도 슬픔의 절규가 들려왔다 머물수록 고통스러운 것은 세상이나 나나 마찬가지인 듯했다

탄생

  피토끼 공항민트 지진파프리카 안개티타늄 거꾸로숨고르기 콜라굴 비발톱 느낌표알루미늄 디스크댐
  팩스레이저 시잔디 심장이파리 숯불전사 네온퍼즐 금성훌라후프 이슬라켓 빛더미오골계 환상아스팔트

  각자와 각자가 만나
  태어난
  돌연변이

2부
얼마간은 볼 수 없을 겁니다

층간소음

윗집 아기는 시간도 모르고 운다
젊은 부부의 입술이 말라갈 동안 문 앞에
'괜찮습니다'라고 쓴 종이를 두고 온다

하루는 구급차 소리가 울음소리를 덮었다
파편 같은 고요가 끝나고 찾아온 것은
어른의 울음소리였다

바닥의 슬픔으로 인해
천장에선 비가 내렸다

곰팡이에 집이 무거워져도
손쓸 수 없었다

그런 유의 슬픔을 지우는 법을
나는 알지 못한다

밤

밤만 되면
매듭짓지 못한 생각에 허우적댔다

애인은 내가 잘 자길 빌었다
저 대신 꿈을 꾸는 것도 아닌데

나는 걸려 넘어지며
아침이 오는 속도로
부서지는 염원을 붙들고 있다

먹고 자는 일이 시누이 등쌀 같을 때도
애인은 내 입으로 들어가는 밥과
뒤척이며 피운 꿈을 사랑했다

그래야 살지 않겠냐며
그래서 뭐라도 되지 않겠냐며
애인은 옅게 웃었고
나는 그믐 같은 보조개가 좋았다

빛이 가려지는 것뿐인데
어떤 밤은 하염없이 길었다

나는 당신이 빌어준 시간으로 살고
애인은 그만큼이 모자라 세상을 떴다

당신 없이도 해가 떴다
먹고 자는 일이 계속되어도
살아있다고 할 수 없는 날이 이어졌다

이승에 남아 지켜보는 볕에는
갈 수 없는 곳에 두고 온 사람의 입김이 서려 있다

낮이 밤 같고 밤이 지옥 같은 사람의 여생은
자주 시리고
아팠다

동산에서

대학에서는 컴퓨터 언어를 가르쳤지만
배울수록 애착이 갔던 건 너의 말이다

말하지 않아도 알 거란 시절이 눈에 덤불을 쳤다
나는 찌푸릴수록 선명해지는 사람이었는데

네 입술이 포개질 때마다
다정함이 입안에 퍼졌다

하늘을 날게 된 버들치가
얼마나 뜻밖이었을지에 대해선
더 이상 생각하지 않기로 한다

길 양쪽에서 걸음을 막고 있는 앙상한 가지가
야윈 몸으로 그만 보내주라던 노모의 양손 같다

겨울에 쓴 마음은
따뜻한 날에 잘 상하므로

안부를 오래도록 골라야 했다

절대 죽지 말라던 네가 이월에 죽고
추억은 쓸쓸한 사람이 한층 쓸쓸해지는 일이다

너의 근사한 집 앞에선
아무리 찾아도 입구가 없고
갖춰진 세계로 가는 길은 멀기만 했다

영정

올 것도 같고
울 것도 같은
식장에서

당신은 아니라고 한다
해맑기만 한 사람이

그 옅은 미소에
숨이 넘어가는 줄도 모르고

손금

 다영이를 다시 봤을 땐 할미만 나이가 들었겠구나 하루하루 죽어가는 느낌이 들 때면 베란다에 기대어 밖으로 고개를 내밀어본단다 하늘과 땅 사이에 머리를 내놓고 있으면 마치 커다란 단두대에 올라선 기분이구나 명줄만큼 위태로운 밧줄 끝에는 뭐든 두 동강 낼 것 같은 칼날이 묶여있고 세상은 그렇게 모순덩어리구나 칼날은 머릿속에서만 수십 번 떨어진다 시뻘건 피가 사방에 튀고 자식놈은 끔찍한 어미를 눈물로 보내주겠지 더 이상 보지도 듣지도 맡지도 못하겠지만 왜 그런 상상이 달가운지 모르겠구나 다영아 할미는 나이를 먹는 게 축복인 줄만 알았어 그런데 그것은 슬픔 중에서도 가장 큰 비애더구나 다영이의 시간은 열여덟에 머물러 있는데 할미는 버젓이 여든을 향해 가고 있으니 말이다 손녀는 이제 따뜻한 밥 한술 뜨지 못하는데 나는 그저 살아보겠다며 그릇에다 짠지를 담고 있다 참으로 죄스럽다 다시 만난 네가 날 몰라볼까 봐 두렵다 네가 또 한 번 작별을 고할까 봐 두렵다 다시 네게서 버려질까 봐 두렵다 너 없이도 끼니를 때우고 잠에 드는 내가 널 완전히 잃게 될까 봐 두렵다 늦기 전에 다영이를 보러 가야겠다며 단두대를 오르지만 노쇠한 겁보에게 허락된 건 울음뿐이구나 차디찬 바다가 널 탐낼 때 힘이 돼주지 못해 미안하다 놓친 손금만큼 아등바등 주름이 늘어간다

알츠하이머의 사랑 2

결혼식을 잊어버린 사람이
아내 앞에서 꺼이꺼이 운다

잊혀짐에 굴복한 것들은 맥없이 외칠 뿐이고
사체로 발견되는 건
갓 구운 아름다움뿐

눈물은 일생의 반항
방향 없는 몸부림

소멸하는 단어 소멸하는 사람
소멸하는 사랑 소멸하는 세상

급기야
소멸하는 소멸

스콘

눈부시게 살아보잔 마음은
터무니없이 헛방이었다

잡으려 할수록 작아지고 작아져서
줍기도 뭐 한 부스러기 되었다

멸종위기종

사람을 피해 숨었지만 사람 없인 살아갈 수 없는 한 멸종위기종을 생각합니다

생각이 무한 증식하다 결국 스스로를 파괴하는 그 생물은 좀처럼 개체수가 늘지 않는다고 합니다

나는 동질감에 이야기를 이어봅니다

청각기관이 발달했지만 싫은 소리는 못 듣습니다

여덟 시간을 자고 일어나도 현실감 없는 꿈을 꿉니다

월초엔 보조금이 도착합니다 죽음이 자주 지연됩니다

아무리 먹어도 배부르지 않은 것은 먹어야 할 마음을 놓쳤기 때문입니다

적응하지 못한 개체는 계속해서 안으로 들어갑니다

주로 방에 서식합니다

그러나 얼마간은 볼 수 없을 겁니다

분실

당신과 나의 처음을 생각한 것은
어떤 페트병 때문입니다

바깥에는 '분리배출하세요'라고 적혀 있습니다
세상은 그렇게 하나에서 둘이 됩니다

서울은 사람이 많습니다
그보다 잊어버린 마음이 더 많습니다
그보다 잃어버린 이름이 더 많습니다

선을 넘어오는 건 모두 자기 거라며
책상에 줄을 긋던 짝이 뺏어간 지우개를 생각합니다

누군가의 기억이 몰래 지워지는 동안
내 것도 같이 줄어듭니다
세상살이란 무릇 지운 만큼 지워지는 게 아니겠습니까

병이 악화되고 있습니다

다신 처음을 생각할 수 없을지도 모릅니다

언젠가 내 이름을 발견하게 되면
가까운 파출소에다 맡겨주세요

절대로 나서서 주인을 찾지 마세요
세상에
                              있습니다
            부재중일 수

답신

 더 이상 깎을 수 없을 정도로 뭉툭해진 연필이 책상 위로 굴러갔다. 오른손에는 커터 칼이 들려있다. 책상에는 흉측하게 벗겨진 나무껍질이 펼쳐져 있다. 여섯 살 먹은 아이는 연필을 왜 커터 칼로 깎느냐며 궁금증을 자아낸다. 그보다 조금 큰 아이는 커터 칼로도 연필을 깎을 수 있다. 다 큰 어른의 집에는 연필깎이가 없다.

 초라한 비관주의자에게도 마음을 꺼낼 일은 있다. 옛 사진을 들고 "참 예뻤는데" 뒤의 말줄임표로 과거에 젖는 그녀 앞에서. 좋아하던 제과점 앞을 지날 때마다 간판 사진을 보내오는 녀석 앞에서. 품을 주지 않으려 해도 여름 태양이 뜨겁다며 양산을 씌우고 겨울바람이 난리라며 안주머니로 손을 뻗는 능청스러움. 버려짐이 두렵지 않은 당신은 늘 내가 두렵다고 한다.

 심을 둘러싼 껍질이 튀어 오르는 저녁. 마음이 보이지 않아 휘갈긴 모습도 괜찮은 건지. 당신은 여전히 나를 모르고. 당신의 염원이 "연락이 잘 되면 좋겠다" 따위에 머물러 있음에 안도하며. 뭉툭해진 연필은 망가진 사람의 도움을 받아 '잘 못 지내'라는 첫 마디를 써 내려간다.

4

가끔 시계를 보면 4시 44분
꺼림직하지 않아?
죽을 사가 세 번이잖아

4층이 F층이 되는 동안
4단지가 사라지는 동안
4번이 두려워 떠는 동안

얼마나 많은 죽음을 목격해 왔니
얼마나 많은 죽음을 이용해 왔니
얼마나 많은 죽음을 생각해 봤니

무서울 것 없어
사람 사과 사슴 사이 사랑
거봐 전부 다 죽는 것뿐이야

유서

"너 자꾸 밥 거르면 병 생겨"
"그럼 빨리 죽지 뭐"

내가 말로 유서를 짓는 동안
바늘로 소리를 꿰매는 여자가 있다

당신은 막고 싶었다
새어 나오는 쇳소리 같은 말을
홀로 남겨질 새벽 밤을
심연을 건너려는 두 발을

언젠가 영원하기로 약속한 날에는
당신을 먼 미래에 두고 돌아와
초행길처럼 헤매기도 했다

"그런 말은 하는 게 아니야" 그러나
마침내 지친 당신이 입술을 잠그고 유서를 보탤 때
죽는다는 말을 죽겠다는 말을 쏟아내고 있을 때

정적이 마침표 대신 쓰일 때
그래서 집이 자꾸만 넓어질 때
일 년도 안 남은 적금이 꿈처럼 깨어지고
커다란 어항을 사는 게 일생의 꿈이라고 할 때
금붕어를 쫓는 모습이 뭍에서도 물에 빠진 모양일 때

마침내 우린 죽어서도 사랑할 수 있다는 듯이
서로의 몸에 애틋한 유서를 바르지
잉크를 뒤집어쓰고 밤의 왈츠를 추지

하나는 알고 둘은 모른다

앳된 외모는 나의 강점
못된 생각은 나의 단점

라이터를 사러 편의점에 가니
신분증 주세요 한다

나를 처음 본 사람은
하나는 알고 둘은 모른다

입에서 연기가 주르륵 나오고
다신 안 그럴게요
이번만이에요
인간은 망가지는 즐거움에 산다

병원으로부터 문자를 받는다
내일은 내원 치료가 있습니다 한다

나를 웬만큼 본 사람은

하나는 알고 둘은 모른다

흉이 얼마나 가려나 생각하다가
다신 안 그럴게요
이번만이에요
인간은 망치는 즐거움에 산다

다짐은 숨이 질겨서
기어코 얌전한 사람을 울리고 만다

담배와 약봉지가 밖에 나와 있고
당신이 그 앞에 쓰러져 있다

사랑하는 사람이 둘을 알게 되면
나는 셋을 잃는다

약속이라도 한 듯이
동시에 울음이 터진다

새벽 죽음 연습

에어컨 소리만 가득한 곳에서
미지근한 콧바람을 만드는 게
죄책감 들 때가 있습니다

하얀 침대보 위에 앉아
올라탄 만큼 무거워진 지구가
무너질 것 같은 때가 있습니다

투명색이 아닌 피부가
거울의 한 면을 차지하는 게
참을 수 없을 때가 있습니다

아무리 끼니를 때워도
텅 빈 저녁이 돌아오기에
목숨도 부담일 때가 있습니다

살아야 한다는 진실은
도무지 실명하지 않습니다

노려보는 시선이 뜨겁습니다

하다 보면 언젠가 쓸모가 있을 거란
그대의 말이 오용되고 있습니다
당신은 천사와 접촉하는 법 따위 몰랐을 텐데요

매일 마지막 잠이 갱신되고
불청객 같은 아침이 옵니다

집에서도 도망칠 곳은 있어야 합니다
그건 액자 바깥을 상상하는 일입니다

희망의 싹을 잘라요

 영양제와 수면제를 함께 삼키면 꿈속의 내가 무럭무럭 자랄 줄 알았지요 어떤 비난도 아프지 않고 비로소 어른이 될 줄 알았지요 "잘하고 있어"가 상처엔 연고보다 좋을 줄 알았지요 햇살 아래서 풀이 자랐고 그늘 아래선 풀이 죽었지요 닫힌 성장판이 거꾸로 열려서 해마다 작아지는 것 같았지요 해진 주머니 봉제선 사이로 글자가 떨어졌지요 어디 보여주기도 부끄러운 이름 석 자였지요 떠난 사람 이야기는 잃어버린 커플링처럼 한 쪽만 애타게 찾고 있었지요 개는 죽고 쓰러진 몸을 안을 때의 무거움만 남았지요 눈 뜰 때마다 장님이 되고 심장 뛸 때마다 주검이 되었지요 희망의 싹은 완전히 잘려 나갔지요

충동

 꼭 치르고 나서야 '하지 말아야지' 생각이 드는 일들에 자주 끌려다녔다. 그런 일들은 하나같이 즐거운 도피였다. '이러면 안 되는데'란 생각이 쏟아지면 이루지 못한 꿈과 사랑한 여자를 떠올렸다. 하지만 금세 빛이 환하게 내리치는 세계로 돌아갔다.

 현실은 버겁고 망각은 축복 같다. 하지 말아야 할 일을 반복하다 결국 스스로 잡아먹힌다. 세상은 아름답고 거기 내가 묻어 있음을 견딜 수 없다. 배경을 알아챈 새처럼 추락한다. 올라간 높이만큼 떨어진다. 세계의 입구가 보이기 시작할 즈음 '이러면 안 되는데'란 생각이 쏟아진다.

산소

말이 버거워서 어디론가 날아가고 싶었어
관심에 눅눅해지면 목을 쥐어짜 남은 걸 토하고 싶었어

무엇도 자라나지 않아서
70퍼센트의 물은 70퍼센트의 거짓이 되었어

다툴 땐 바닷속에 침몰하는 랜턴이었어
앞을 밝히는 척하며 허둥지둥 찾는 당신을 방관했어

나는 무덤이 되었어
그림자도 지지 않는 곳에서
더 이상 짊어질 게 없어

사람들은 앞에서 명복을 빌었어
기도를 했어
술을 부었어
눈물 흘렸어

당신의 눈물을 받아먹고 우린 하나가 되었어
묵혀둔 고민을 포개면 튀어나오던 테두리도
지구가 모조리 삼켜버렸어

숨결은 호환되지 않았지만
그런 세상에서도 키스를 했어

무덤은 죽은 사람의 집이래
그래서 동그란 거래
슬퍼하지 않아도 돼
나는 돌아간 거야

산소 같은 여자야
울지 좀 말아
이제는 가야 해

확인사살

너는아무아무렇지않게
다가와물어물어
살아있냐있냐고
나는망설여설여
분명살아살아있는데
죽은것같은같은
네글자는무서워서워
확신이서면서면
답할게할게
탕

3부
덜 추운 것이 더 추운 것을 지키며

22세기의 키스

술 담배 키스
유희는 모두 입에서 온다

술값이 육천 원으로 치솟고
담뱃값이 사천 원을 웃돌 때도
키스를 구하는 건 쉽다

시가 써지지 않는 건
집 나간 백구만큼이나
마음처럼 되지 않는다

구직에 지친 당신이
혓바닥을 주었다

나의 밤이
너의 밤으로 덮였다
우주는 여전히 거멨다

남은 열기로 저녁을 끓이며 당신이
다음 생에도 우리가 만나냐 물었다

윗집 아기는 하루 종일 울고
크레인은 밤이 되도록 세상을 부순다
재개발 세글자가 가끔 부고 같다

도망가자
다음 세상에 남길 키스를 찾아

시가 없어도
당신은 웃었다

환생

러닝 타임을 지나
불이 켜지고
크레딧이 올라가는 일은
누구에게나 찾아온다

함께하던 이들이
짧은 소감으로 밖을 나서면
어둠은 다음 생을 데려온다

다시 만나더라도
네가 나를 모르고
내가 너를 모르는 것
어쩌면 꼬리에 꼬리를 무는 새드 엔딩

물결 랑 흩어질 만

글을 쓴다고 했다
돈이 되냐고 했다

죽어가는 걸 보니
내가 된다고 했다

알츠하이머의 사랑 3

휘날리는 첫눈
가로등 아래서

여자는 카메라를 들여다보며
남자의 사진 실력이 부럽다고 했다

남자는 두 눈으로 첫눈을 오래 간직하는
여자가 부럽다고 했다

매년 첫눈을 봐도
생애 첫눈인 듯이
처음을 목격한 사람이 처음을 기다리고 있다

이듬해 세브란스 병원에는 기록적인 소실이 내렸다
기억이 기억을 갈아치울 것이다

여자는 첫눈을 보자며
카메라를 건넸다

0과 1이 쌓이며

눈 무더기 되고

남자의 계절은 끝으로 갔다

개기일식

그날 심지는 타올랐다

스물일곱 살이요
와 맞바꾼 초 아홉 개
케이크 위에 세워진다

제사 준비가 한창인 촌집
제사 같은 건 손이 많이 간다며 투덜대던
그의 목소리가 부서진다
그때도 그렇고 지금도 그렇다

근데 형 살아보니까
제사는 망자가 아니라
산 자를 위한 거더라

그래도 내키지 않는
성질 급한 당신이 앉아
이것저것 따지는 상상을 한다

낮에는 당신을 모르는 이에게
당신의 나이와 발 치수를 털어놓았다

가게 주인은
어디에 사는지도 모르는 사람이
아주 좋아할 거라 했다

당신이 정말 좋아했는지
후일담을 전할 일은 없지만

그날 심지는 타올랐다

초가 소원에 빛을 보태고
148년 만에 달이 태양을 가렸다는 소식으로
영동 지방 사람들은 떠들썩했다

언젠가 기일이 생일에 가려지는 날도 오겠지요

그리 멀지 않았으면 좋겠습니다

저 재밌는데 삶도 재밌는 거고

사랑한다는 말만큼
죽겠다는 말이 태어나는 세상

자살 방법
자살 도구
자살 방지 전화
그런 게 궁금한 누군가는
익명이 마치 자기 이름 같다

손목에 새긴 흉터와
악인의 손찌검을 고백하고서
최후를 기다렸을지도 몰라

잔인한 겨울이 한창이던
폭설이 그쳐도 빙하기 같던 날
그럼에도 답신은 얼어붙지 않고

"나랑 같이 놀아요
저 재밌는데 삶도 재밌는 거고"

정보를 구하는 사람은
목숨을 구하는 사람

몸서리치게 춥던 겨울
누군가 손을 놓지 않았다

2084년 어느 날

곧 죽을 이에게 말을 건 걸 보면
퍽 심심했나 봅니다

도회지 서점에 다녀오는 길입니다
다 읽지도 못할 테지만
이 양반 이런 책도 있었네 하고
기억되길 바라나 봅니다

여기도 밤이 있습니다
당연한 이야기지만
그곳만큼 짙어졌다 밝아졌다 합니다
일희일비하는 것도 여전한가 봅니다

사는 일이 마음처럼 되지 않아도 괜찮습니다
하지 않아 원망하고
하지 못해 후회할 때
곁에 있어 주어 고마웠습니다

오랜만에 젊은 친구를 만나 즐거웠습니다
부디 그 젊음을 낭비하지 마세요

희망사항

키스가 구명 장치로 쓰이는 이곳에서는
손에서 손으로 편지가 옮아요

철수는 영희를 사랑하고
짓궂은 질문 없이도
영희는 철수를 알 수 있어요

사람들은 숨을 쉬지 않아도
비슷한 주기로 잘 지내요

당신 생각을 틈틈이 합니다
늘 드림캐처 타율이 오르는 기적으로 시작해
당신이 늦으면 좋겠다고 마치겠지만요

몇 해 전부터 새들이 날지를 않아요
다가가도 날개를 펼치지 않으니
울적한 표정도 별수 없겠어요

나는 머무른 당신을 기다리고
새가 자연히 떨어지길 기다립니다

머플러 보풀에서도 당신이 피어나면
할아버지가 고충을 털어놓는다는 성당에서
보고 싶단 말을 펼쳐 보아요

빠르게 옅어지는 그들을 보고 있으면
이뤄지지 않길 바라며 비는 소원에
사랑 이상의 무언가가 있을지도 모르겠어요

수족냉증

끝내 시내에도 봄이 들면
벚나무는 단내에 취한 듯 비틀거렸다

이맘때쯤이면 안과 밖의 계절이
헤어지는 연인처럼 갈라섰다

보일러 표시등은 아직도
헤쳐가야 할 추위가 남았다고 속삭였다

힘없이 떨어지는 숫자에도 강풍이 불면
오른손은 왼손을 감싸주었다
왼발은 오른발을 업어주었다

덜 추운 것이 더 추운 것을 지키며
겨울을 끌어당기고 밀어냈다

접속

  한때 막역했던 재영이 꿈속에서 동창생과 얘기를 나눴다 "걔 시는 언젠가 잘될 거야" 나는 엿들은 말이 좋아서 꿈을 옮겨다니며 듣다가 밤잠을 설치곤 했다 석 달쯤 지나 다시 꿈을 꾸었는데 열 살은 더 먹은 듯한 재영이 나와 결국 자기 말이 맞지 않았냐며 웃었다 우리가 연결된 세상은 다분히 다정했고 나는 구들에 앉아 글로 집을 지었다 나는 정말 석 달이면 꿈에서 십 년을 살 수 있는지 물었고 재영은 꿈에 나온 사람들이 주인의 어스름을 몰래 녹인다는 비밀을 알려주었다 날이 밝자 재영이 손에 쥐여주고 간 것은 새파란 하늘이었다 그날은 흰자위에도 푸른 기 맴돌았는데 눈길 닿는 곳마다 희망이 머물고 있었다

눈물은 어른이 되어

 엄마, 눈은 주무르면 뭉쳐지는데 물은 왜 그렇게 안 돼? 눈은 외로움을 많이 타서 서로를 껴안아야 오래 살 수 있어. 물은? 물은 안 외로워? 물은 외로움보다 호기심이 많아서 세상을 따라 움직이는 걸 좋아해.

 소년이 겨울을 빚었다
 그것은 세월이 흘러 물이 될 것이다
 오래전 자신이 눈이었단 사실도 모를 것이다

 소년의 궁금증은 눈과 물에서
 새하얀 피부에 도톰한 입술을 가진 여학생으로
 회색 데님과 초록색 니트를 매치하는 방법으로
 사회의 어두움을 노래하는 록밴드로
 돈을 많이 벌 수 있는 직장으로 옮겨 갈 테다

 소년의 시선은 자유롭게 흐르고
 여인은 털장갑 위에 놓인 소년을 감싸주었다
 너만은 외롭지 말라며

여인은 아이의 겨울에
동백 하나를 심어주고
오래도록 머무를 봄이 오길 바랐다

냉전의 키스

특파원을 보냈지
돌아오지 않는 걸 보니 사망이군

네가 차지한 침대에 누워
영토를 두고 싸우다 보면

둘만 남은 세상 속
오가는 말들은 플라스틱 칼싸움
난데없는 함정과
종전을 알리는 피식-

내가 생각한 사랑은 이런 거였는데
꿈을 이룬 걸 보면 왠지 일찍 죽을 것 같아

어여쁜 마흔이 오면 죽고 싶다던 너
그게 진심이라면
나도 마찬가지야

나는 붉어진 다짐을 입에 담아

특파원을 보냈지
돌아온 걸 보니 사랑이군

장례

삶의 끝은 어떤 모습이냐며
당신은 묻는다

나는 말한다
잘 칠해진 그림 같다고
손길이 닿게 되어 기뻤다고
나중에 내 것도 보러 오라고

당신은
웃는다
어여쁜 꽃을 쓰고

정류장

죽어 가고 있었다

돌아가신 할아버지가 벨을 누르고
등 떠밀려 마주한 아침은
잘못 내린 정류장

희망의 배차 간격은
정보가 없습니다

얼굴도 주소도 모르는 이에게
번번이 이별 통보를 받는다
이번 생에 우린 아닌 것 같아

시가 되지 못한 글자가 섞이다 보면
방이 밖이었다가 밤이 되는 일도 흔했다

일인 요금에 수심을 여러 명 싣는 내가 싫은지
복잡한 날엔 버스도 길을 둘러 오는데

겨우 올라타더라도
노야의 오지랖은 계속되고
종점도 종말도 멀어지는 것이었다

그리운 냄새 폴폴 나면
향이 비처럼 내렸다

몇 시간을 달리든
눈 떠보면 정류장 벤치에
사랑한단 말이 앉아 있었다

발자국

발이 발을 밟고
시간 위에 시간이 쌓인다
여러 온기 머물던
눈 덮인 거리
혼자가 아니라고
한마디씩 보태는
방명록이
길
  게
늘
  어
져
  있
다

인생 사용설명서

5장. 구원받는 방법

1. 손잡이를 잡는다
2. 아래로 당긴다
3. 블라인드가 걷힌다
4. 해가 들어온다

* 인간은 너무 똑똑한 나머지 식사와 같은 기본적인 일을 잊을 수 있다. 그럴 땐 함부로 리셋 버튼을 누르기보다 충전 후 사용하도록 한다.

* 머지않아 책은 끝나고 인생이 재개된다.

* 하지만 당신은 언제든 책으로 돌아올 수 있다.

* 읽다 보면 알 것도 같은 게 인생이니까.

부록

도움을 준 음악들

01. 언니네 이발관 - 너는 악마가 되어가고 있는가?
02. 김새녘 - 갈증
03. 정우 - Gust / Interlude
04. 김현창 - 살아내기
05. 9와 숫자들 - 눈물바람
06. 김사월 - 외로워 말아요 눈물을 닦아요
07. 검정치마 - 난 아니에요
08. 서펄나무 - 사다코
09. 김현창 - 볕
10. 2단지 - 사람은 가끔 내가 실패하길 바라는가 봐
11. TAEK - 어딜 가든 나쁜 사람들은 있잖아요
12. 안다영 - 불행이 우리를 삼키려 할 때 내 사랑은 가장 영원해요
13. 로쿠 - Tabacco
14. 검정치마 - 피와 갈증
15. 사공 - Dear, Ann
16. 김뜻돌 - 훨훨

17. 장기하와 얼굴들 - 아무도 필요 없다
18. 2단지 - 썩은그물
19. 알레프 - 아무도 그대를 바라지 않는
20. 밍기뉴 - 나아지지 않는 날 데리고 산다는 건
21. 김사월 - 꿈꿀 수 있다면 어디라도
22. 혁오 - World of the Forgotten
23. 정우 - 종말
24. 종연 - 남겨진 사람
25. 이찬혁 - 장례희망

Spotify 앱에서 플레이리스트를 확인하실 수 있습니다.

도움을 준 사람들

김자연	이서윤	임현성	이수진	안종옥	김진혁	김가은	김태현
이연우	김동윤	안재협	엄현식	이민정	장세희	황다영	박상현
강시우	한동희	서새벽	유수연	유수완	황연수	김연주	김시연
이은비	임륜경	최우준	이혜진	최수정	한설희	박찬용	허성현
유새벽	드고이	민민규	박초희	심찬유	김경민	두더지	이서빈
정수빈	김자경	김성빈	잔물결	서찬양	이준영	백민유	이경로
이윤진	유수민	이병민	한정민	손동환	임현진	김한울	윤세은
임하은	김현준	이지윤	강연우	정해진	김솔비	최지혜	김주희
김두언	노승범	이다현	권희윤	최준영	김태완	김다솜	주예하
조주희	고남수	최민상	김후이	박서윤	한지훈	김도연	최진아
김태훈	이은지	신나경	윤원철	김준우	김태은	전우현	전수민
정해윤	정현명	이수호	김선미	김민정	고수연	이은경	김길령
김예원	강지윤	이지연	박예은	장세미	이수연	황채연	이서현
김서희	홍은성	구다빈	조연진	서예은	이준수	이도윤	김보경
김유정	김현진	권시연	김현진	노동호	김태연	황정원	이윤주
윤도연	이시우	강태원	신성하	이가현	ruddl	onyx	이,여름
Rothy	sakura	ㅊㅎ0	냐하	BM	채이	라드	채린
zna	민지	동화	연주	수정	규별	혜원	환아

| 효준 | 시현 | 유림 | 효원 | 꽃 | 김 | 거니 | 동균 |

사공채은   햇병아리   YH&JM   프로젝트빌드업

SAVIOR_MJ   유다의빈소   rockstarcat   류승현Rufino

AT커니화이팅   너는소중해   합성동박동우   bleuciel__astre

BYEONGSU   Frida(고현지)   양예하

외 18인의 익명 후원자

시야문집 002

새벽 죽음 연습

ⓒ 이한

1판 1쇄　　2025년 5월 20일

글　　　　이한
편집　　　이한
디자인　　이한

펴낸곳　　　시야매거진
출판등록　　제 2025-000005호
전자우편　　seeyamagazine@gmail.com
인스타그램　@seeya_magazine

ISBN　　　979-11-991997-0-5 (03810)